Maria Wiesmüller

Südtiroler
Backrezepte

KOMPASS **Küchenschätze**

Inhaltsverzeichnis

Traditionen Südtirols

Die Südtiroler Küche ist von vielen Einflüssen benachbarter Länder geprägt worden und hat davon das Beste für sich beansprucht. So vereint sie das Natürliche, Leichte der italienischen mit dem Bodenständigen, Kräftigen der alpenländischen Küchen.

Der Duft der Hausbäckerei hat ein wenig Anteil an dem besonderen Charakter dieser Region, denn sie regt wesentlich dazu an, im Kreise der Familie eine besondere Atmosphäre zu schaffen.

Zur Vorweihnachtszeit gehört vielerorts ein Brauchtumsgebäck besonderer Art – die Zelten und die Stollen – gehaltvolle Früchtebrote, die in keinem Haus fehlen dürfen. Der Stollenteig wird vielerorts auch für das sogenannte Gebildegebäck verwendet. In vielen Regionen bäckt man in der Weihnachtszeit gehaltvolle Lebkuchen und festliche Torten.

Die Backtraditionen der Südtiroler Küche werden von der Bevölkerung das Jahr über lebendig erhalten; vor allem bei den wichtigen Familienfesten wie Geburt oder Taufe eines Kindes, Hochzeiten, Jahrestage, Erntedankfest usw. Zu diesen Anlässen duftet es in den Häusern nach Brezen, Kipferln, Keksen und Trüffeln, aber auch nach anderen festlichen Delikatessen.

Merkmal vieler Südtiroler Gebäcksorten ist die Möglichkeit, sie lange aufzubewahren. Dies entspricht der früheren Notwendigkeit der bäuerlichen Bevölkerung, das Gebäck im voraus herzustellen und für die Hauptfeiertage bereitzuhalten, ohne hierdurch die Arbeit auf den Feldern zu vernachlässigen. Diese Einstellung hat zur Prägung der Südtiroler Küche beigetragen, die, mit besonderen Zutaten angereichert, eine einzigartige Geschmacksrichtung vermittelt.

Backformen und Zubehör

Das Angebot an Backformen ist heute sehr vielfältig. Achten Sie beim Kauf und Einsatz aber nicht nur auf die Form, sondern auch auf das Material, denn beim Backen können sich später erhebliche Bräunungsunterschiede zeigen. Die handelsüblichen Backformen lassen sich in drei Gruppen einteilen:

● dunkle oder dunkelgraue Formen
● helle weißglänzende Formen
● Formen aus Glas oder Keramik

Dunkle, schwarz lackierte, silikonbeschichtete oder emaillierte Formen nehmen die Backofenhitze besonders gut auf und leiten sie vollständig an das Backgut weiter.

Helle Formen sind nur bedingt empfehlenswert, weil sie die Hitze reflektieren. Das Gebäck bräunt nicht so gut und benötigt daher eine längere Backzeit. Auch Glasformen nehmen nur sehr wenig Hitze auf. Sie sind ideal für Gebäcke wie zum Beispiel Biskuit, die nicht so stark bräunen sollen. Glasformen müssen immer gut eingefettet werden.

Backformen aus Keramik nehmen die Wärme grundsätzlich langsam auf, speichern sie und geben sie dann an das Gebäck weiter. Dieses Verhalten des Formenmaterials ist für das Backen von Rührteigen und schweren Hefeteigen ideal.

Neben dem Herd-Backblech oder der Backform sind für die Weihnachtsbäckerei Ausstechformen sowie Holzmodeln wichtige Zubehörteile.

Wichtige Hinweise zum Backen

Für die Vor- und Zubereitung von Gebäck gibt es einige beachtenswerte Tips, die wir für Sie nachfolgend zusammengefaßt haben:

1. Entsprechend der einzelnen Teigarten machen Sie sich einen Zeitplan für die rechtzeitige Herstellung.

   ● <u>Honiggebäck</u> sollte stets ca. vier Wochen liegenbleiben, da es in dieser Zeit weich wird und an Geschmack gewinnt.
   Gleiches gilt für:

   ● <u>Eierteiggebäck</u>, das frisch gebacken meist hart ist und erst mit der Zeit weich wird.

   ● <u>Mürbteig-, Backpulver- und Eiweißteiggebäck</u> schmecken am besten frisch. Diese Sorten sollten Sie deshalb kurz vor den Feiertagen herstellen.

   ● Auch ein <u>Christstollen</u> sollte mehrere Tage, kühl gestellt, durchziehen können.

2. Stellen Sie erst alle <u>Zutaten und die benötigten Geräte</u> bereit und beginnen Sie erst dann mit den Vor- und Zubereitungsarbeiten.

3. <u>Verwenden Sie Backpapier</u>. Dann entfällt das Einfetten der Bleche und Sie können – wenn das erste Blech im Ofen ist – das nächste Blech auf einer weiteren Lage vorbereiten. Backpapier läßt sich mehrfach verwenden.

4. Backen Sie zunächst einmal einige <u>Kekse zur Probe</u>, um die Teigbeschaffenheit zu prüfen. Sollte der Teig zu weich sein und beim Probebacken die Form verlieren, so können Sie rechtzeitig noch etwas geriebene Nüsse, Mandeln oder Mehl hinzugeben.

5. Verwenden Sie möglichst <u>wenig Mehl für das Formen</u> und <u>Ausstechen</u> der verschiedenen Gebäcksorten.

6. Heizen Sie das Backrohr, besonders für Weihnachtsgebäck, stets ausreichend lang vor.

7. <u>Lösen</u> Sie das Gebäck nach dem Backen <u>vorsichtig</u> vom Blech und legen Sie es zum Erkalten auf ein <u>Gitter</u>. Noch warmes Gebäck nicht aufeinanderlegen!

Temperaturen und Backzeiten

Für das Vorheizen benötigen moderne Elektrobackrohre ca. 12 - 18 Minuten. Wenn das rote Kontrolllämpchen erlischt, ist die Temperatur erreicht. Bei Gasherden sind 5 Minuten bereits ausreichend. Ein Vorheizen des Backrohres ist sinnvoll, da Weihnachtsgebäck immer nur kurze Zeit backen muß und viel gleichmäßiger gelingt.

Die Backzeiten sind in Zeitspannen angegeben. Sie richten sich nach der Größe der Form und danach, wie dick oder wie dünn der Teig ausgerollt wird.

Alle Angaben der nachfolgenden Tabelle sind Richtwerte, die je nach Art des Backrohres geringfügig abweichen können. Vergleichen Sie die Temperaturen daher mit denjenigen in der Gebrauchsanweisung ihres Herdes. Besitzen Sie einen Heißluftherd, so stellen Sie ca. 20° C niedriger ein als in der Tabelle oder in den Rezepten angegeben ist.

Backtabelle

Gebäckart	Temp. in °C für E-Herde	Gasherd Stufe	Backzeit in Minuten
Kleingebäck	*Einschubhöhe: 3. von unten* *– Backofenmitte –*		
Honigkuchen	175 - 200	3	15 - 25
Lebkuchen	170 - 180	2 - 3	20 - 25
Rührteig, z.B.			
Spritzgebäck	170 - 190	3 - 4	12 - 16
Mürbteiggebäck	180 - 210	3 - 4	8 - 17
Eiweißgebäck, z.B.			
Busserl	120 - 160	2 - 4	20 - 50
Germgebäck	180 - 200	2 - 4	20 - 30
Geformtes Gebäck, flache Kuchen	*Einschubhöhe: 2. von unten* *– unteres Drittel des Backrohrs –*		
Christstollen	170 - 200	3	50 - 70
Germgebäck	175 - 200	3 - 4	30 - 50
Rührteig, z. B.			
Gewürzschnitten	180 - 200	3	30 - 40
Biskuittorte	190 - 210	3 - 4	15 - 25
Hohes und halbhohes Gebäck	*Einschubhöhe: 1. oder 2. von unten* *– unterste Einschubleiste –*		
Früchtebrot	170 - 190	2 - 3	60 - 70
Früchtekuchen	170 - 180	2 - 3	65 - 80
Honigkuchen in der Kastenform	160 - 180	3	55 - 65
Germbrot	180 - 200	3	45 - 60

Kleine Warenkunde

Trieb- oder Lockerungsmittel

Die Voraussetzung für das Gelingen aller Backwaren ist die gute Lockerung des Teiges. Dazu benutzt man verschiedene Zutaten, wie zum Beispiel:

● **Germ (Hefe)**

Germ gibt vielen Backwaren einen typischen Geschmack. Sein hoher Anteil an Vitaminen macht das Gebäck zu einem wertvollen Nahrungsmittel.

● **Backpulver**

Backpulver ist ein Gemisch aus Natron, Weinsteinsäure, Stärke und Getreidemehl. Es eignet sich für Gebäcke, vor allem für solche, die etwas länger lagern dürfen. Natron hat mit Backpulver vergleichbare Eigenschaften.

● **Pottasche oder Hirschhornsalz**

Beide Triebmittel werden vornehmlich für Teige eingesetzt, die einen hohen Zuckergehalt haben. Dazu gehört vor allem Honigkuchengebäck.

Gewürze

Anis hat ein herbsüßliches Aroma. Die Samen sind im Ganzen oder gemahlen erhältlich. Man verwendet das Gewürz für Anislaibchen, Gewürzschnitten, Honig- und Lebkuchen.

Die getrockneten Beeren des Nelkenpfefferbaumes kennt man als Piment. Sein Name stammt vom spanischen „pimienta"-Pfeffer. Dieses Gewürz verwendet man am besten gemahlen, vor allem für Honiggebäcke. Für Lebkuchen oder Spekulatius braucht man, neben anderen Gewürzen, gemahlene Nelken, die zu den ältesten bekannten Gewürzen gehören.

Zur „Königin der Gewürze" gehört die Vanille. Das in den Samenschoten enthaltene, dunkle Fruchtmark enthält das besondere Aroma.

Helles Weihnachtsgebäck, wie zum Beispiel die berühmten Vanillekipferl, würzt man gerne mit Vanillemark und Zucker. Zu vielen Gebäcken paßt als Gewürz auch gut der Zimt oder Stangenzimt, dessen liebliche Süße sehr beliebt ist. Für Honig- und Lebkuchen braucht man ihn auf jeden Fall. Auch in Würzmischungen ist er enthalten.

Nüsse

In der Weihnachtszeit werden für sehr viele Gebäcksorten Nüsse – ob im Ganzen, gehackt oder gemahlen – verwendet. Auf süße Mandeln und Haselnüsse sollte man nicht verzichten. Kurz im Backofen angeröstet oder mit heißem Wasser überbrüht, lassen sie sich leicht enthäuten. Walnüsse besitzen ein feines Aroma, sind jedoch sehr geruchsempfindlich. Daher sollten sie stets trocken und von anderen Lebensmitteln getrennt aufbewahrt werden. Die süßlich schmeckenden, ölreichen Pistazien lassen sich gut anstelle von Mandeln verwenden. Gerne werden sie zum Verzieren eingesetzt. Gleiches gilt auch für Pinienkerne. Aus dem Fruchtmark der Kokosnuss werden die beliebten Kokosraspeln gewonnen, die in getrockneter Form im Handel erhältlich sind. Vor allem für die beliebten Makronen sind sie unentbehrlich.

Dörrobst

Für Früchtebrot, Christstollen und anderes Weihnachtsgebäck ist Trockenobst die wichtigste Zutat. Durch vorsichtiges Trocknen bei ca. 80° C werden die reifen Früchte haltbar gemacht. Teilweise müssen die verschiedenen Sorten vor dem Verpacken noch geschwefelt werden, da der restliche Wassergehalt sonst ein zu schnelles Verderben hervorruft.

Für die Weihnachtsbäcke-
rei benötigt man vor allem:
- Kletzen (Birnen)
- Datteln
- Marillen (Aprikosen)
- Zwetschken (Pflaumen)
- Rosinen, Sultaninen oder
  Weinbeeren (Korinthen)
Zitronat und Aranzini
(Orangeat) gewinnt man
jeweils aus den Schalen
bestimmter Zitrusfrüchte.
Die Schalen werden zur
Konservierung zunächst in
Salzwasser gelegt, an-
schließend in einer hoch-
prozentigen Zuckerlösung
gekocht, getrocknet und
gewürfelt.

Andere, wichtige Zutaten
Für das Backen wird stets
feiner Zucker eingesetzt.
Staubzucker(Puderzucker)
und Hagelzucker (grober
Kristallzucker) verwendet
man in der Regel nur zum
Bestreuen. Für Honig- und
Lebkuchen wird gerne
brauner Zucker verwen-
det, der viel Karamel enthält und deshalb sehr aro-
matisch ist. Ebenfalls un-
erläßlich ist die Verwen-
dung von Honig. Aus
Staubzucker, Mandeln und
Rosenwasser wird Marzi-
pan hergestellt, das für
Christstollen und zur ge-
schmacklichen Verfeine-
rung vieler Gebäcke ge-

braucht wird. Nougat, eine
Mischung aus gerösteten
Haselnüssen, Mandeln
und Zucker, wird haupt-
sächlich für Pralinen oder
zum Glasieren eingesetzt.
Schließlich sei hier noch
die Schokolade erwähnt,
die geraspelt unter die
verschiedenen Teige, ge-
rührt oder geschmolzen,
zum Überziehen verwen-
det wird.

Glasuren und Überzüge
Die verschiedenen Glasu-
ren und Überzüge zieren
nicht nur dekorativ das
Weihnachtsgebäck, sie
halten es zudem auch
länger frisch. Für alle Gla-
suren gilt: Sie sollten nicht
zu dick sein, sonst lassen
sie sich schlecht auftra-
gen. Sind sie zu dünn, so
ziehen sie in das Gebäck
ein. Probieren Sie daher
erst die Beschaffenheit
aus. Nachstehend nun
einige Rezeptvorschläge:

Zuckerglasur – Grund-
rezept
250 g Staubzucker
3 - 4 EL heißes Wasser

Den Staubzucker zunächst
sieben und nach und nach
mit so viel Flüssigkeit
verrühren, daß eine dick-
flüssige Masse entsteht.
Das vorbereitete Gebäck

sofort damit garnieren oder bestreichen.

Zuckerglasur – Variationen

Zitronenglasur:
250 g Staubzucker
3 - 4 EL Zitronensaft

Rumglasur:
250 g Staubzucker
3 - 4 EL Rum

Kirschglasur:
250 g Staubzucker
3 - 4 EL Kirschsaft

Mokkaglasur:
250 g Staubzucker
1 geh. TL Pulverkaffee
3 - 4 EL heiße Milch

Zimtglasur:
250 g Staubzucker
1 gestr. TL Zimt
3 - 4 EL heißes Wasser

Eigelbglasur:
250 g Staubzucker
1 Eidotter (Eigelb)
2 - 3 EL Milch

Kakaoglasur:
250 g Staubzucker
30 g Kakao
3 - 4 EL heiße Milch
25 g zerlassenes Kokosfett

Schokoladenglasur:
100 g geriebene Bitter-
schokolade
150 g Staubzucker
3 - 4 EL heiße Milch
15 g Kokosfett

Hierfür die Schokolade im Wasserbad schmelzen, gesiebten Staubzucker, Milch und Kokosfett dazugeben und sehr gut verrühren.

Weihnachts-Gewürzschnitten

Teig:

500 g Mehl

6 Eier

4 EL warmes Wasser

500 g brauner Zucker (Rohrzucker)

2 TL gem. Nelken

2 TL gem. Zimt

2 TL Lebkuchengewürz

2 TL Pottasche

100 g Honig

3 EL Rum

250 g gehackte Mandeln

100 g Aranzini (Orangeat)

50 g Zitronat, 50 g Rosinen

50 g geriebene Schokolade

Glasur:

250 g Staubzucker (Puderzucker)

3 - 4 EL heißes Wasser

Zum Bestreuen:

75 g gehackte, geröstete Mandeln

● Eier und Wasser in eine hohe Rührschüssel geben und am besten mit dem Elektroquirl sehr schaumig schlagen. Den Zucker nach und nach dazugeben und weiterschlagen, bis die Masse sehr cremig ist. Den Rum mit den gemahlenen Nelken, dem Zimt und dem Lebkuchengewürz verrühren. Die Pottasche in etwas Wasser auflösen. Das Rum-Gewürzgemisch und die Pottasche zur Eiermasse geben und unterrühren.
● Den Honig ganz leicht erwärmen und dünn-fließend einrühren. Nun gehackte Mandeln, klein-

geschnittene Aranzini, Rosinen und Zitronat dazugeben. Die geriebene Schokolade mit dem gesiebten Mehl mischen und alles zu einem geschmeidigen Teig verarbeiten.
● Das Backrohr auf 180 - 200° C vorheizen.
● Das Backblech gut einfetten oder mit Backpapier auslegen. Darauf den Teig in ca. 2 cm Höhe gleichmäßig verstreichen.

30 - 40 Minuten backen.
● Inzwischen die Glasur vorbereiten. Hierzu den Staubzucker durchsieben und mit soviel Flüssigkeit verrühren, daß eine dickflüssige Masse entsteht.
● Die noch lauwarme Kuchenplatte damit überziehen und mit gehackten, gerösteten Mandeln bestreuen, dann in Stücke zerteilen.
Menge: ca. 16 Stück

Honig-Früchtebrot

250 g gem. Dörrobst, z.B. Äpfel, Feigen, Zwetschken, Kletzen, Marillen	50 g gewürfeltes Zitronat
	100 g Rosinen, 1 TL Zimt
4 EL Rum, 4 Eier	1/4 TL gem. Nelkenpulver
250 g Zucker	50 g flüssiger Honig
50 g gehackte Haselnüsse	350 g Mehl, 1 Prise Salz
25 g gehackte Mandeln	1/2 Pa Backpulver

● Das Dörrobst in kleine Würfel schneiden, mit dem Rum vermischen und am besten über Nacht durchziehen lassen.

● Die Eier mit dem Zucker in eine hohe Rührschüssel geben und mit dem Elektroquirl sehr schaumig schlagen. Haselnüsse, Mandeln, Zitronat, Rosinen, Gewürze und Honig dazugeben und weiterrühren. Zuletzt das gesiebte Gemisch aus Mehl und Backpulver zufügen und gleichmäßig unter die Masse heben.

● Den Teig in eine gut gefettete und mit Semmelbröseln ausgestreute Kastenform füllen.

● Bei 160 - 180° C in 55 - 65 Minuten backen. Erst nach dem Auskühlen anschneiden.

Nußkipferl

Teig:

300 g Butter

500 g Mehl

3 EL Zucker

4 Eidotter (Eigelb)

40 g Germ (Hefe)

6 - 7 EL Milch, lauwarm

1 Prise Salz

Eidotter zum Bestreichen

Füllung:

200 g gem. Haselnüsse

50 g gehackte Haselnüsse

250 g Zucker

50 ml Milch

1 Pa Vanillezucker

1 EL Rum, 2 EL Konfitüre

● Das Mehl in eine Schüssel sieben, die Butter in Flöckchen darauf verteilen, mit Zucker, Eidotter und mit in lauwarmer Milch aufgelöstem Germ sowie Salz zu einem glatten Teig verarbeiten. Auf bemehlter Arbeitsfläche den Teig sehr dünn austreiben und in Vierecke schneiden.

● Das Backrohr auf 200 - 220° C vorheizen. Für die Nußfüllung alle Zutaten verrühren, auf die Teigstückchen geben, diese zu „Kipferl" (Hörnchen) formen, mit Eidotter bestreichen. Auf ein gefettetes und bemehltes Backblech legen und in 15 - 20 Minuten goldbraun backen. Möglichst frisch servieren.

Gefüllte Lebkuchen aus Tirol

<u>Teig:</u>

500 g Roggenmehl

200 g Zucker

100 g Honig

2 Eier

1/2 TL Backpulver

Neugewürz (Piment)

Gewürznelken

Zimt, Kardamom

etwas Zwetschkenschnaps

<u>Füllung:</u>
Marmelade

15 - 20 Dörrzwetschken

5 getrocknete Feigen

80 g Haselnüsse

1 - 2 Eidotter (Eigelb)

100 g Mandeln

● Mehl, Zucker, Honig, Eier, Backpulver, Gewürze und Schnaps in eine Rührschüssel geben und zu einem glatten Teig verarbeiten.

● Die Teigmenge teilen und eine Hälfte auf einem befetteten und bemehlten Backblech ausrollen. Mit Marmelade bestreichen und mit den fein geschnittenen Früchten sowie den Nüssen bestreuen.

● Die restliche Teigmenge ausrollen und darüberlegen. Mit zerklopftem Eidotter bestreichen und mit Mandelhälften belegen. Bei 170 - 190° C in 20 - 25 Minuten backen.

<u>Menge:</u> ca. 30 Stück

Tiroler Strauben

1/4 l Milch

1 Prise Salz

200 g Mehl

2 Eier

2 cl Rum oder Treberschnaps

ca. 500 g Butterschmalz zum Ausbacken

Butterschmalz als Backfett

Staubzucker (Puderzucker) zum Bestreuen

● Die Milch langsam aufkochen lassen, salzen und das gesiebte Mehl unterrühren. Etwas abkühlen lassen, dabei gelegentlich durchrühren.

● Die Eidotter (Eigelb) und den Rum oder Schnaps

dazugeben und gleichmäßig unterrühren. Das Eiklar (Eiweiß) steifschlagen und vorsichtig unterziehen.

● Den vorbereiteten Teig aus einem Straubentrichter oder aus einem Spritzbeutel kreisförmig, bis etwa zu Tellergröße, in das heiße Backfett einlaufen lassen und gleichmäßig gebräunt ausbacken.

● Die so zubereiteten Strauben noch warm mit Staubzucker bestreuen, und, dekorativ auf Serviertellern angerichtet, servieren.

● Zum Gebäck reichen Sie am besten gekochtes Obst, Apfelmus oder Preiselbeeren.

Interessant für Sie:
Die „Strauben" sind in der Südtiroler Küche vor allem als Festtagsgebäck bekannt und beliebt. Man backt sie aus unterschiedlichen Teigmassen. Beim vorgenannten Gebäck ist es wichtig , daß der Teig glattgerührt und gut fließend ist. Strauben lassen sich aber auch aus einem Wasser-Brandteig zubereiten. Sie werden mit reichlich Staubzucker bestreut und gleich serviert. Anstelle von Staubzucker können Sie auch eine 1/2 Tasse flüssigen Honig verwenden, mit dem die noch warmen Strauben bestrichen werden.

Tiroler Pignolikipferl

250 g gem. Mandeln	1 Eiklar (Eiweiß)
280 g Zucker, 4 Eiklar (Eiweiß)	125 g Pignoli (Pinienkerne)
abgeriebene Schale einer unbehandelten Zitrone	Butter oder Margarine für das Backblech

● Das Backblech einfetten. Das Backrohr auf 180 - 200° C vorheizen.

● Die Mandeln mit Zucker, Eiklar und Zitronenschale verrühren und bei milder Hitze unter ständigem Weiterrühren erwärmen, bis eine formbare Masse entsteht.

● Den Teig abkühlen lassen und zu einer Rolle formen. Davon 25 gleich-große Stücke abschneiden, aus jedem ein Kipferl (Hörnchen) formen und mit versprudeltem Eiklar bestreichen. Die Pignolikerne darüberstreuen und leicht eindrücken.

● Nun die Kipferl auf das vorbereitete Backblech legen und in 15 - 18 Minuten hellbraun abbacken.

<u>Menge:</u> ca. 25 Stück

Knusperecken

200 g Butter od. Margarine	3 Tropfen Bittermandelöl
75 g Zucker	300 g Mehl
1 Prise Salz	1 Eidotter (Eigelb) und
1 Eidotter (Eigelb)	Wasser zum Bestreichen
1 EL heißes Wasser	Hagelzucker z. Bestreuen

● Weiches Fett, Zucker, Salz, Eidotter, Wasser und Bittermandelöl schaumig rühren. Das gesiebte Mehl dazugeben und alles zu einem mittelfesten Teig verarbeiten.
● Diesen mindestens 1 Stunde im Kühlschrank ruhen lassen, dann auf einem bemehlten Backbrett ca. 4 mm dick ausrollen. Mit einem Teigrad beliebige Formen, z.B. Dreiecke oder Rauten ausradeln und auf ein gefettetes oder mit Backpapier ausgelegtes Backblech geben. Eidotter mit Wasser versprudeln, das Gebäck damit bestreichen und mit Hagelzucker bestreuen.
● Im vorgeheizten Backrohr bei 190 - 210° C in 10 - 12 Minuten abbacken.
<u>Menge</u>: ca. 60 - 65 Stück

Anislaibchen

4 Eier

250 g Staubzucker (Puder-
zucker)

1 TL gem. Anis

280 - 300 g Mehl

Butter für das Blech

● Das Backblech mit
Butter bestreichen und mit
Mehl bestäuben. Überflüs-
siges Mehl abklopfen.

● Das Backrohr auf 140 -
150° C vorheizen.

● Eier und Staubzucker in
eine hohe Rührschüssel
geben, Anis zugeben. Das
gesiebte Mehl nach und
nach untermischen und
zwar so viel, daß der Teig
nicht zu fest wird und
dennoch glatt ist.

● Mit zwei Teelöffeln im
Abstand von 3 cm kleine
Teighäufchen auf das
Backblech setzen.

● Die Laibchen in ca. 15
Minuten goldgelb backen.
Menge: ca. 40 Stück

Spitzbuben

300 g Mehl

1 Prise Salz

1 gestrichener TL Back-
pulver

100 g Zucker, 1 Ei

abgeriebene Schale einer
1/2 unbeh. Zitrone

1 Pa Vanillezucker

180 g Butter od. Margarine

Mehl zum Ausrollen

125 g Ribiselgelee (Johan-
nisbeergelee) zum Füllen

50 g Staubzucker (Puder-
zucker) zum Bestreuen

● Mehl mit Salz und
Backpulver in eine Rühr-
schüssel sieben, eine
Vertiefung eindrücken,
Zucker, Ei, Zitronenschale
und Vanilezucker hinein-
geben. Zuletzt das in

Stücke geschnittene Fett
darüber verteilen.
● Von der Mitte her zu
einem geschmeidigen Teig
verkneten und ca. 30
Minuten kühl gestellt
rasten lassen.

● Auf einem bemehlten Backbrett ca. 3 mm dick ausrollen. Kreise und Ringe gleicher Größe und Anzahl (ca. 4 - 5 cm Durchmesser) ausstechen. Auf ein gefettetes oder mit Backpapier ausgelegtes Backblech geben. Bei 180 - 200° C im vorgeheizten Backrohr ca. 10 Minuten getrennt backen, dabei gut beobachten, damit die Ringe nicht zu dunkel werden.

● Ausgekühlt dick mit Gelee bestreichen.

● Die Ringe mit reichlich Staubzucker bestreuen. Jeweils einen Ring auf einen Kreis setzen. Ausreichend trocknen lassen.

<u>Menge</u>: ca. 40 Stück

Haferflocken-Feigenbusserl

2 Eiklar (Eiweiß),
100 g Zucker

1 Pa Vanillezucker

70 g Haferflocken

ca. 30 g Sonnenblumen-
kerne

40 g getrocknete Feigen

50 g gem. Haselnüsse

1 TL Zitronensaft

abgeriebene Schale einer
1/2 unbeh. Zitrone

● Eiklar mit einem Eßlöffel Zucker steif schlagen und den restlichen Zucker unter beständigem Weiterrühren dazugeben. Vanillezucker, Haferflocken und die sehr fein geschnittenen Feigen sowie gemahlene Haselnüsse dazugeben. Zitronensaft darüberträufeln und abgeriebene Zitronenschale einstreuen. Diese

Zutaten kurz und gleichmäßig unterheben.

● Das Backrohr auf 160 - 180° C vorheizen. Aus der Teigmasse mit zwei Teelöffeln Teighäufchen auf ein mit Backpapier ausgelegtes Backblech setzen. Mit einigen Sonnenblumenkernen garnieren und in ca. 15 Minuten backen.

Menge: ca. 45 Stück

Marillenschnitten

150 g getrocknete Marillen
(Aprikosen)

5 g Pistazien

3 - 4 EL Öl

125 g brauner Zucker

100 ml süßer Rahm (Sahne)

100 g Haferflocken

30 g Mehl

Schokoladenglasur
(Rezept Seite 11)

● Die Marillen in kleinste Würfel schneiden und die Pistazien fein hacken. Öl, Zucker und Rahm einmal aufkochen, von der Kochstelle nehmen und Haferflocken, Mehl sowie die Marillenstückchen und Pistazien unterrühren.

● Den Teig ca. 1/2 - 1 cm dick auf einem mit Backpapier ausgelegten Backblech ca. 25 x 25 cm groß verstreichen.
● Im auf 175 - 200° C vorgeheizten Backrohr in 15 - 20 Minuten backen. Die Teigplatte auskühlen

lassen und in gleich
große Streifen schneiden.
Die Enden in Schokola-
denglasur eintauchen.

Zum Festwerden auf ein
Kuchengitter legen.

<u>Menge</u>: ca. 40 Stück

Schokobusserl

4 Eiklar (Eiweiß)

200 g Zucker

50 g Staubzucker (Puder-
zucker)

1 - 2 TL Zitronensaft

250 g gem. Mandeln

1/2 TL Zimt

100 g ger. Bitterschokolade

kleine, runde Backoblaten

50 g Mandelstifte

● Eiklar zu sehr steifem Schnee schlagen, Zucker mit Staubzucker mischen und unter weiterem Schlagen einrieseln lassen. Zwischendurch den Zitronensaft hinzugeben, so daß die Masse steif und glänzend wird.

● Gemahlene Mandeln mit Zimt und Bitterschokolade mischen. Locker unter die Eischneemasse heben.

● Das Backrohr auf 130 - 140° C vorheizen. Mit zwei Teelöffeln Teighäufchen auf Oblaten setzen und im Abstand von ca. 2 cm auf dem mit Backpapier ausgelegten Backblech verteilen. Einige Mandelstifte darüberstreuen und leicht eindrücken.

● In 35 - 40 Minuten abbacken.

<u>Menge</u>: ca. 40 Stück

Zimtsternle

4 Eiklar (Eiweiß)

300 g Zucker

2 TL Zitronensaft

375 - 400 g gemahlene Haselnüsse

1 EL Zimt

Mehl, 50 g gemahlene Mandeln und

2 EL Zucker zum Ausrollen

1 Pa runde Oblaten

● Eiklar zu sehr steifem Schnee schlagen, den Zucker nach und nach einrieseln lassen und unter Zugabe von Zitronensaft zu einer schnittfesten, glänzenden Masse schlagen.

● Von der Schaummasse ca. 1/2 Tasse für den Guß wegnehmen. Unter die restliche Menge Zimt und gemahlene Haselnüsse mischen.

● Das Backrohr auf 130 - 150° C vorheizen. Mehl,

gemahlene Mandeln und Zucker mischen und auf der Arbeitsfläche oder auf einem Backbrett verstreuen.

● Den Teig ca. 1 cm dick darauf ausrollen. Kleine „Sternle" ausstechen, diese auf Oblaten setzen und mit der zurückbehaltenen Eimasse bestreichen.

● In 40 - 45 Minuten backen.

<u>Menge</u>: ca. 45 Stück

Mein Tip:

Die Glasur der „Zimtsternle" sollte weiß bleiben. Kontrollieren Sie daher zwischendurch und schieben Sie, falls notwendig, zur Abschirmung der Oberhitze ein zweites Blech ein oder lassen Sie die Backofentür einen Spalt offen (Holzlöffel einklemmen).

Feine Marillenringe

400 g Mehl	2 cl Rum, 250 g Butter
125 g Zucker, 1 Prise Salz	Mehl zum Ausrollen
abgeriebene Schale einer unbehandelten Zitrone	2 EL Staubzucker (Puder-zucker)
1 Pa Vanillezucker	250 g Marillen(Aprikosen)-Marmelade
1 Eidotter (Eigelb)	

● Das Mehl in eine Rühr-schüssel sieben. In die Mitte eine Vertiefung eindrücken. Zucker, Salz, Zitronenschale, Vanille-zucker, Eidotter und Rum hineingeben. Die Butter in Flöckchen geschnitten auf dem Mehl verteilen. Von der Mitte her zu einem geschmeidigen Rührteig verkneten. Diesen mindes-tens 2 Stunden im Kühl-schrank rasten lassen.

● Das Backrohr auf 170 - 190° C vorheizen.

● Den Teig auf einem bemehlten Backbrett ca. 3 mm ausrollen. Kreise und Ringe in gleicher Größe und Anzahl ausstechen.

● Diese getrennt auf ein gefettetes oder mit Back-papier ausgelegtes Back-blech geben und in 10 - 15 Minuten abbacken. Vom Blech heben und aus-kühlen lassen. Die Ringe mit Staubzucker besieben.

● Die Marillenmarmelade im Kochtopf erwärmen und die runden Kekse damit bestreichen. Nun die Ringe vorsichtig daraufset-zen und nach Belieben eventuell noch etwas Marmelade in die Mitte geben.

● Gut auskühlen lassen, ehe die Kekse, am besten in einer Metalldose, aufbe-wahrt werden.

<u>Menge</u>: ca. 50 - 60 Stück

Mein Tip:
Die Marillenringe zum Aufbewahren lagenweise zwischen Pergamentpa-pier in eine Dose legen, damit sie nicht aneinander kleben und beim Heraus-nehmen möglicherweise zerbrechen.

Linzer Torte

Teig:

300 g Mehl

2 TL Backpulver

2 Eier, 1 Eidotter (Eigelb)

250 g Haselnüsse

250 g Zucker

1 TL Zimt

geriebene Schale einer unbehandelten Zitrone

1 Prise Salz

Füllung:

250 g Preiselbeermarmelade

1 Eidotter (Eigelb)

Zum Bestreuen:

Staubzucker (Puderzucker)

● Das mit Backpulver vermischte Mehl auf die Arbeitsfläche sieben. In die Mitte Eier, Eidotter, Butter, Zucker, Zimt, Zitronenschale und Salz geben.

● Alle Zutaten verarbeiten, die gehackten Haselnüsse hinzufügen und zu einem weichen Teig verkneten.

● Eine Kuchenform mit Butter einfetten und mit Mehl bestäuben, den Boden mit 2/3 des Teiges auslegen und mit Preiselbeermarmelade bestreichen. Den restlichen Teig in eine Spritztüte füllen und damit den Rand und ein Gitter formen. Dann mit dem Eidotter bestreichen.

● Im vorgeheizten Backrohr bei 170 – 190 °C ca. 40 Minuten backen. Vor dem Servieren mit Staubzucker bestreuen.

Vanillekipferl

300 g Mehl, 125 g Zucker

1 Pa Vanillezucker

etwas Vanillemark

3 Eidotter (Eigelb)

125 g gem. Mandeln

250 g Butter

2 Pa Vanillezucker zum Wenden

● Alle Zutaten rasch zu einem glatten Mürbteig verkneten und ca. 1 Stunde kühl rasten lassen.

● Den Teig zu einer dünnen Rolle formen, davon kleine, gleichgroße Stücke

abschneiden, diese zu „Kipferln" formen und auf ein gut gefettetes oder mit Backpapier ausgelegtes Backblech legen.

● Bei 170 - 190° C im vorgeheizten Backrohr in 12 - 14 Minuten goldgelb backen. Noch heiß in Vanillezucker wenden.

<u>Menge</u>: ca. 60 Stück

Karottentorte

<u>Teig:</u>
6 Eidotter (Eigelb),
6 Eiklar (Eiweiß)

250 g Zucker

1 Prise Salz

abgeriebene Schale einer
unbehandelten Zitrone

1 Pa Vanillezucker

250 g geriebene Karotten

250 g geriebene Walnüsse

100 g Stärkemehl

<u>Zum Bestreuen:</u>
Staubzucker (Puderzucker)

● Die Eidotter mit Zucker, Salz, Zitronenschale und Vanillezucker schaumig schlagen. Die rohen Karotten hinzugeben und das Stärkemehl mit den Nüssen vermischt hinzufügen.

● Die Eiklar zu einem steifen Schnee schlagen und unter die Masse rühren.

● Eine Form buttern und bemehlen, den Teig hineinfüllen und im vorgeheizten Backrohr bei 170 - 190° C ca. 30 Minuten backen.

● Vor dem Servieren mit Staubzucker bestreuen.

Oster-Fochaz

Teig:

1 kg Mehl

30 g Germ (Hefe)

75 g Zucker, 1/3 TL Salz

1/4 l Milch, lauwarm

3 Eidotter (Eigelb)

125 g zerlassene Butter

Zum Bestreichen:

1 Eidotter (Eigelb),
2 EL Milch

● Das Mehl in eine Schüssel geben, eine Mulde eindrücken, Germ hineinbröckeln und mit etwas Milch und Zucker verrühren. Zugedeckt an einem warmen Ort ca. 30 Minuten gehen lassen. Die restliche Milch, Eidotter, Salz und Butter dazugeben und zu einem glatten Teig verarbeiten, der sich gut vom Schüsselrand lösen muß. Nochmals 15 - 20 Minuten gehen lassen.

● Das Backrohr auf 180 - 200° C vorheizen. Den Teig in drei gleichgroße Stücke teilen, aus jedem Teil eine Rolle von 50 cm Länge formen. Aus den drei Strängen einen Zopf flechten und an den Enden zu einem runden Kranz zusammendrücken. Auf einem gefetteten Backblech nochmals etwas gehen lassen, mit gequirltem Eidotter bestreichen und in 35 - 45 Minuten goldbraun backen.

Schwarzwälder Kirschtorte

<u>Teig:</u>
7 Eier

150 g Zucker

1 Pa Vanillezucker

abgeriebene Schale einer unbehandelten Zitrone

1 Prise Salz

100 g Mehl

50 g Stärkemehl

40 g Kakao

<u>Füllung:</u>
1 Tasse Wasser

1 EL Zucker

3 EL Kirschwasser

etwas Kirschsaft

200 g Sauerkirschen

400 g Schlagobers (Schlagsahne)

<u>Zum Garnieren:</u>
350 g Schlagobers (Schlagsahne)

16 Sauerkirschen

50 g geraspelte Schokolade

● Eier, Zucker, Vanillezucker, Zitronenschale und Salz schaumig schlagen. Das gesiebte Mehl, Stärkemehl und Kakao hinzufügen.

● Den Teig in eine gebutterte oder mit Backpapier ausgelegte Form füllen. Im vorgeheizten Backrohr bei 180° C ca. 35 Minuten backen. Auskühlen lassen, dann die Torte in 3 Platten schneiden.

● Für die Füllung das Wasser mit dem Zucker erhitzen und das Kirschwasser hinzugeben. Oberen und mittleren Tortenboden damit tränken.

● Den Obers steif schlagen und zum Schluß den Kirschsaft hinzufügen. Die beiden unteren Tortenböden damit bestreichen und aufeinanderlegen.

● Den oberen Tortenboden und den Tortenrand mit Obers bestreichen. Mit Sauerkirschen und geraspelter Schokolade verzieren.

Erdbeertorte

<u>Mürbeteig:</u>
200 g Mehl

100 g Butter

75 g Zucker

1 Ei, 1 Prise Salz

<u>Biskuitteig:</u>
4 Eier, 2 Eidotter (Eigelb)

150 g Zucker

50 g geschmolzene Butter

<u>Zum Garnieren:</u>
700 g Erdbeeren

1/8 l Weißwein oder Wasser

2 EL Zucker

1/2 Pa helle Gelatine für Torten

<u>Füllung:</u>
Erdbeermarmelade

● Für den Mürbeteig Mehl, Zucker, Ei und Salz und obenauf die kalte Butter auf der Arbeitsfläche vorbereiten. Die Zutaten zu einem glatten Teig verkneten. Im Kühlschrank mindestens eine Stunde rasten lassen.

● Den Teig auf der bemehlten Arbeitsfläche ausrollen und in eine Springform legen. Mit einer Gabel mehrmals einstechen.

● Im vorgeheizten Backrohr bei 200° C ca. 15 - 20 Minuten backen und auskühlen lassen.

● Für den Biskuitteig werden die ganzen Eier im Wasserbad mit Zucker und Vanillezucker schaumig geschlagen.

● Den Teig im kalten Wasser unter ständigem Rühren auskühlen lassen. Dann das gesiebte Mehl und die lauwarme Butter unterrühren und in eine gefettete Kuchenform füllen.

● Im vorgeheizten Backrohr bei 190° C ca. 30 - 40 Minuten backen. Auskühlen lassen, vor dem Aufschneiden in zwei Teile mindestens 3 Stunden warten.

● Den Mürbeteig mit Erdbeermarmelade bestreichen, mit einer Tortenplatte des Biskuitteigs belegen und ebenfalls mit Erdbeermarmelade bestreichen.

● Die Torte mit den gesäuberten Erdbeeren dekorieren.

● Die Gelatine mit Wein und Zucker vermischen und zum Kochen bringen. Mit einem Eßlöffel über die Erdbeeren verteilen und auskühlen lassen.

Variation: Bei Verwen-
dung der entsprechenden
Marmelade kann man eine
Himbeer- oder Stachel-

beertorte zubereiten.
Die Stachelbeeren werden
vor der Zubereitung kurz in
Zuckerwasser gekocht.

Marmorkuchen

Teig:

300 g Butter

300 g Zucker

1 Pa Vanillezucker

5 Eier

1 Prise Salz

300 g Mehl

1 Pa Backpulver

20 g Kakaopulver

Staubzucker (Puderzucker) zum Bestreuen

● Die Butter sehr schaumig rühren. Nach und nach Zucker, Vanillezucker, Eier und Salz hinzufügen. Das gesiebte Mehl mit dem Backpulver eßlöffelweise untermischen.

● Die Hälfte des Teigs in eine gefettete, gemehlte Springform füllen.

● Den übrigen Teig mit dem Kakaopulver vermischen und den dunklen Teig auf dem hellen Teig verteilen. Mit der Gabel einmal spiralförmig durchziehen.

● Im vorgeheizten Backrohr bei 170 - 190° C 50 Minuten backen. Dann abkühlen lassen und vor dem Servieren mit Staubzucker bestäuben.

Apfeltorte

Teig:
220 g Mehl, 150 g Zucker

150 g Butter

3 Eier

1 Pa Vanillezucker

abgeriebene Schale einer unbehandelten Zitrone

1 TL Backpulver

ca. 3 EL Milch

Belag:
6 kleinere Äpfel

3 EL Marillen(Aprikosen)-Marmelade

1 EL Wasser

● Butter, Zucker, Vanillezucker, Eier, Zitronenschale und Salz sehr schaumig rühren. Das gesiebte Mehl mit Backpulver hinzufügen. Milch nach Bedarf hinzugeben, bis ein glatter, sich leicht vom Holzlöffel lösender Teig entsteht. Den Teig gleichmäßig in eine gebutterte Kuchenform füllen.

● Die Äpfel schälen, vierteln und mit einem Messer kreuzweise einritzen. Die Marillenmarmelade mit Wasser verdünnen, die geviertelten Äpfel damit füllen und auf dem Teig verteilen. Im vorgeheizten Backrohr bei 170 – 190 °C 45 Minuten backen.

● Vor dem Servieren mit Staubzucker bestreuen.

Saftiger Zwetschkenfleck
(Pflaumenkuchen)

Teig:

400 g Mehl, 30 g Germ (Hefe)

ca. 1/8 lauwarme Milch

1 Ei, 50 - 60 g Zucker

1 Prise Salz

1 Pa Vanillezucker

50 g weiche Butter

Belag:

1 - 1 1/2 kg reife Zwetschken (Pflaumen)

50 - 60 g Zucker, gemischt
mit 1 TL Zimt

Butter für das Backblech

● Aus den angegebenen
Zutaten einen Germteig,
wie im Rezept „Oster-
fochaz" (S. 31) beschrie-
ben, zubereiten und ge-
hen lassen.

● Für den Belag die Zwetschken so entsteinen, daß die Hälften noch zusammenhängen.

● Den Teig auf dem gefetteten Backblech ausrollen und mehrmals mit einer Gabel einstechen.

● Dicht mit den Früchten belegen und nochmals ca. 15 Minuten gehen lassen.

● Inzwischen das Backrohr auf 180 - 200°C vorheizen.

● Nun den „Fleck" in 30 - 40 Minuten abbacken. Noch warm mit dem mit Zimt gemischten Zucker bestreuen, dann erkalten lassen und in Stücke schneiden.

Mein Tip:

Sehr reife Zwetschken weichen den Germteig stark durch. Bestreuen Sie den Teig daher vor dem Belegen mit Kuchen- oder Semmelbröseln.

Schwarzplententorte

Teig:

250 g Schwarzplentenmehl (Buchweizenmehl)

250 g Zucker

250 g Butter

250 g gehackte Mandeln

6 Eier

1 Pa Vanillezucker

1 Prise Salz

Füllung:

500 g Preiselbeermarmelade

Zum Bestreuen:

Staubzucker (Puderzucker)

● Butter mit der Hälfte des Zuckers schaumig schlagen. Nach und nach Eidotter (Eigelb) hinzufügen. Mehl, Vanillezucker und Mandeln unterrühren.

● Eiklar (Eiweiß) mit dem restlichen Zucker steif schlagen und unterheben.

● Eine Springform einbuttern, mit Mehl bestäuben und den Teig einfüllen. Im vorgeheizten Backrohr bei 180 °C ca. 45 Minuten backen.

● Auskühlen lassen, in der Mitte durchschneiden und mit Marmelade füllen. Mit Staubzucker bestreuen.

Feine Sachertorte

150 g Butter
100 g feinster Staubzucker (Puderzucker)
8 Eidotter (Eigelb)
150 g zartbittere Schokoladenglasur
150 g Mehl
8 Eiklar (Eiweiß)
50 g feiner Zucker
2 EL Marillen(Aprikosen)-Marmelade
1/4 l süßer Rahm (Sahne)
diverse Tortengarnituren

● Weiche Butter mit Staubzucker glattrühren. Nacheinander die Eidotter dazugeben und die Mischung mit Hilfe des Elektroquirls oder der Küchenmaschine zu einer dicklichen Creme schlagen. Die zerkleinerte Schokolade im Wasserbad oder im Mikrowellengerät schmelzen. Unter Rühren abkühlen lassen und lauwarm, teelöffelweise, in die Creme einrühren. Gesiebtes Mehl hinzufügen. Eiklar mit Zucker steif schlagen und mit Hilfe eines Schneebesens locker unterheben.

● Eine Springform - Durchmesser ca. 24 cm - am Boden mit Backpapier auslegen. Den Teig einfüllen. Bei 170 ° - 190 °C ca. 50 - 60 Minuten backen. Nach dem Backen einige Minuten stehen lassen, dann die Torte aus der Form nehmen und auf einem Kuchengitter völlig auskühlen lassen. Das

Backpapier abziehen und evtl. den Boden etwas glattschneiden.

● Die Marillenmarmelade glattrühren, leicht erwärmen und die Torte damit, auch an den Rändern, dünn bestreichen.

● Die Schokoladenglasur schmelzen und die Torte damit gleichmäßig überziehen. Eventuell dekorieren und mit Schlagobers servieren.

Interessant für Sie:
Das vorgenannte Rezept einer typischen Sachertorte ist leider nicht das „Original-Sacher-Rezept". Das nämlich ist ein streng gehütetes Geheimnis der Fa. Sacher in Wien. Sie produziert übrigens in Spitzenzeiten bis zu 2000 Exemplare der berühmten Torten täglich, um sie in die ganze Welt zu verschicken.

Apfelkiechl

Backteig:

125 g gesiebtes Mehl

1/8 l trockener Südtiroler Weißwein

30 g weiche Butter

1 Prise Salz, 2 Eier

1 - 2 EL Zucker

1 - 2 TL Rum

3 - 4 würzige Südtiroler Äpfel

Rum, Zitronensaft

Backfett (z.B. Butterschmalz) oder Öl

Zimt, Zucker

● Für den Backteig zunächst Mehl mit Weißwein in eine Rührschüssel geben, mit dem Elektroquirl glattrühren, dann mit Butter, Salz, Eiern, Zucker und Rum zu einem dickflüssigen Teig verrühren. Diesen Backteig ca. 30 Minuten an einem warmen Ort stehen lassen.
● Inzwischen die Äpfel schälen, das Kerngehäuse ausstechen und in ca. 1/2 cm dicke Scheiben schneiden. Mit Zucker bestreuen. Rum und Zitronensaft darüberträufeln.
● Das Backfett erhitzen. Die Apfelscheiben einzeln durch den Teig ziehen, im Fett schwimmend goldbraun ausbacken und auf Küchenkrepp abtropfen lassen. Zimt mit Zucker mischen, über die Apfelkiechl streuen und warm servieren.

Kniekiechl

500 g Mehl

1/2 Tasse lauwarme Milch

30 g Germ (Hefe),
1 EL Zucker

3 Eidotter (Eigelb)

50 g weiche Butter

abgeriebene Schale einer
1/2 unbehandelten Zitrone

ca. 1/4 l Milch

Butterschmalz zum Backen

Preiselbeerkonfitüre

2 EL Staubzucker (Puder-
zucker)

● Das Mehl in eine Rühr-
schüssel sieben, in die
Mitte eine Mulde eindrük-
ken, Germ hineinbröckeln
und mit etwas Zucker und
Milch verrühren. Zugedeckt
an einem warmen Ort ca.
30 Minuten gehen lassen.
Eidotter, Butter, Zitronenschale und die restliche
Milch dazugeben. Den Teig
so lange verarbeiten, bis er
glatt ist und sich gut vom
Schüsselrand löst.
● Nochmals zugedeckt ca.
15 - 20 Minuten gehen

lassen. Auf bemehlter Ar-
beitsfläche ausrollen, in
gleichgroße Stücke schneiden, diese zu Kugeln formen
und wieder gehen lassen.
● Das Fett erhitzen. Mit
beiden Händen die Kugeln
etwas auseinanderziehen,
so daß mittig eine Vertiefung entsteht. Ausbacken
und dabei einmal wenden.
● Abtropfen und erkalten
lassen. Die Vertiefung nach
Belieben mit Konfitüre
füllen. Mit Staubzucker
bestreut servieren.

Völser Kirchtagskrapfen
mit Kletzenfülle

Teig:	Fülle:
1/4 l Milch	300 g weichgekochte Kletzen (Dörrbirnen)
75 g Butter	1/8 l Milch
500 g Mehl, Salz	50 g Butter, 125 g Zucker
1/4 - 1/8 l süßer Rahm (Sahne)	150 g Mohn
2 Eier	Zimt, Nelkenpulver, Rum

● Die Milch auf der Kochstelle erwärmen, die Butter darin zergehen lassen und zum Abkühlen beiseite stellen. Gesiebtes Mehl in eine Rührschüssel geben, salzen. Rahm, Eier sowie das lauwarme Butter-Milchgemisch hinzufügen und zu einem nicht zu festen Teig verkneten. Hierzu am besten den Elektroquirl einsetzen. Zugedeckt etwa 2 Stunden lang rasten lassen.

● Für die Fülle die Kletzen faschieren und mit Milch, Zucker sowie Butter aufkochen, den Mohn untermischen, würzen und gut durchrühren.

● Den Teig auf bemehlter Arbeitsfläche sehr dünn austreiben. In der Mitte durchteilen. In regelmäßigen Abständen auf der einen Hälfte die Füllung mittels eines Kaffeelöffels auftragen, mit der anderen Teigplatte abdecken, leicht andrücken und Rhomben ausradeln.

● Diese sofort in heißem Fett ausbacken, dabei die Oberseite regelmäßig mit Fett beschöpfen, einmal wenden und fertigbacken.

● Mit reichlich Staubzucker bestreut servieren.

„Hasenöhrl"

30 g Butter, 1/8 l Milch

1 Prise Salz, 1 Ei

1 EL Schnaps oder Rum

300 g Mehl

ca. 500 g Butterschmalz
zum Ausbacken

● In einem weiten Topf
zunächst die Butter zerlassen, dann die Milch hinzuschütten und lauwarm
erwärmen. Salzen, in eine
Rührschüssel geben,
versprudeltes Ei, Schnaps
oder Rum und gesiebtes
Mehl dazugeben.

● Sofort zu einem glatten
Teig verarbeiten und diesen etwa 1 Stunde lang
rasten lassen.

● Den Teig auf bemehlter
Arbeitsfläche messerrückendick ausrollen,
verschobene Vierecke
ausradeln und diese in
heißem Fett ausbacken.

Bratäpfel

4 Bratäpfel (z.B. Reinette)

4 TL Johannisbeerkonfitüre

Butterflöckchen

Zucker, etwas Wasser

Butter für die Form

● Das Backrohr auf 200 -
220° C vorheizen. Die
Äpfel waschen und das
Kernhaus ausstechen.
Eine Bratreine mit Butter
einfetten, die Äpfel hineinsetzen und mit der Konfitüre füllen. Butterflöckchen
aufsetzen und die Äpfel
obenauf mit Zucker bestreuen. Etwas Wasser in
die Form gießen.

● Diese in das Backrohr
schieben und die Äpfel ca.
30 Minuten braten. Zwischendurch evtl. etwas
Wasser nachgießen.

Scheiterhaufen

8 altbackene Semmeln
(Brötchen)

1/2 l lauwarme Milch

weiche Butter für die Form

50 g weiche Butter

80 g Zucker, 2 EL Rum

4 Eidotter (Eigelb)

4 Eiklar (Eiweiß)

abgeriebene Schale 1/2
unbehandelten Zitrone

50 g Rosinen

30 g gehackte Haselnüsse

500 g Südtiroler Äpfel

30 g Butterflöckchen

● Die Semmeln in kleine Würfel schneiden, in eine Rührschüssel geben, mit der Milch übergießen und ca. 30 Minuten stehen lassen.

● Das Backrohr auf 200-220° C vorheizen.

● Eine größere Auflaufform einfetten. Aus Butter, Zucker, Eidotter, Rum und Zitronenschale eine Schaummasse rühren, die eingeweichten Semmeln, Rosinen und Haselnüsse untermischen.

● Äpfel schälen, vierteln, vom Kerngehäuse befreien und feinblättrig schneiden. Unter die Masse mischen. Eiklar steifschlagen und locker unterheben. Die Masse in die vorbereitete Auflaufform füllen, mit Butterflöckchen belegen und in 40 - 50 Minuten goldbraun backen.

Saftiger Kirschstrudel

Teig:

250 g Mehl

1 Ei

1 Prise Salz

2 EL Öl

ca. 1/16 l Wasser

etwas Öl

Füllung:

1 kg Kirschen

150 g Butter, 3 - 4 EL Zucker

150 g Semmelbrösel

sehr weiche Butter zum Bestreichen

Staubzucker (Puderzucker)

● Das Mehl auf die Arbeitsfläche sieben und mit Ei, Salz und Öl verrühren. Das Wasser nach Bedarf nach und nach dazugießen, bis der Teig eine nicht zu feste Konsistenz hat. Nun mit beiden Händen kräftig durchkneten, bis der Teig nicht mehr anklebt. Je länger er geknetet wird, desto besser läßt er sich zu einem feinen Strudel ausziehen. Den Teig nun zu einer Kugel formen, mit Öl bestreichen, abdecken und mindestens 30 Minuten rasten lassen.

● Inzwischen die Kirschen waschen, trockentupfen und entkernen. Die Butter in einer größeren Pfanne schmelzen und die Brösel darin hellbraun rösten. Auf einem größeren bemehlten Tuch den Teig mit einem Nudelholz austreiben, mit den Handrücken unterfassen und von der Mitte her so lange vorsichtig ausziehen, bis er hauchdünn ist.

● Mit etwas weicher Butter bestreichen. 2/3 des Teiges mit Semmelbröseln bestreuen. Darauf die Kirschen verteilen. Zucker mit Zimt mischen und darüberstreuen. Nun wird der so vorbereitete Strudel von einer Seite her mit Hilfe des Tuches eng aufgerollt. In eine gefettete Bratreine (Backpfanne) oder auf ein Backblech legen und mit der restlichen Butter bestreichen.

● Im vorgeheizten Backrohr bei 200 - 220° C in 30 - 35 Minuten goldbraun backen.

● Nach Belieben noch warm mit Staubzucker bestreuen und sofort servieren.

Weintraubenstrudel

Teig:
300 g Mehl

1 Ei

1 Prise Salz

2 - 3 EL Kernöl

ca. 100 ml lauwarmes Wasser

etwas Kernöl zum Bestreichen

Füllung:
750 g helle Weintrauben

100 g Butter

150 g Semmelbrösel

3 - 4 EL Zucker

80 g gemahlene Mandeln

etwas Zimt nach Belieben

1 Pa Vanillezucker

sehr weiche Butter zum Bestreichen

Staubzucker (Puderzucker) zum Bestreuen

● Das Mehl in eine Schüssel sieben. In die Mitte eine Mulde eindrücken. Das versprudelte Ei, Salz und Kernöl hinzufügen. Zu einem glatten Teig verkneten. So viel Wasser hinzufügen, bis der Teig eine mittelfeste Konsistenz erhalten hat. Von Hand so lange weiterkneten, bis der Teig nicht mehr anklebt, sondern „seidig" glänzt. Nun daraus eine Kugel formen, mit Kernöl bestreichen, abdecken und mindestens 30 Minuten rasten lassen.

● Inzwischen die Trauben gründlich waschen, abtrocknen. Nach Belieben halbieren und entkernen. Die Butter in einer größeren Pfanne schmelzen und die Brösel darin hellbraun rösten.

● Zucker, Mandeln, Zimt und Vanillezucker mischen.

● Auf einem größeren, bemehlten Tuch den Strudelteig mit einem Nudelholz austreiben, mit den Handrücken unterfassen und von der Mitte her langsam vorsichtig ausziehen, bis er hauchdünn ist. Die dickeren Teigenden wegschneiden.

● Das Backrohr auf 200 - 220 °C vorheizen.

● Den Teig mit etwas weicher Butter bestreichen. 2/3 der Fläche mit

Semmelbröseln bestreuen.
Darauf die Trauben gleichmäßig verteilen. Die Zuk-
ker-Mandelmischung
darüberstreuen. Die Teig-
ränder einschlagen und
den Strudel mit Hilfe des
Tuches von der Seite her
eng aufrollen. Auf ein gefettetes Backblech gleiten
lassen. Mit der restlichen
Butter bestreichen.

● In etwa 40 - 50 Minuten
goldbraun backen. Ab und
zu wiederum mit Butter
bestreichen. Mit reichlich
Staubzucker bestreut
servieren.

Apfelstrudel

Teig:

200 g Mehl

1 Ei

1 EL Öl, Salz

ca. 60 - 80 ml Wasser

Füllung:

70 g Rosinen

2 EL Rum

50 g Butter

1 1/2 kg säuerliche Äpfel

100 - 120 g Zucker, etwas Zimt

80 - 100 g Semmelbrösel

ca. 100 g Butter

Staubzucker (Puderzucker) zum Bestreuen

● Das Mehl in eine Schüssel sieben. In die Mitte eine Mulde eindrücken. Das Ei hineinschlagen, Öl und Salz hinzufügen. Zu einem glatten Teig verkneten. So viel Wasser hinzufügen, bis der Teig von mittelfester Konsistenz ist. Von Hand so lange weiterkneten, bis er „seidig" glänzt. Ca. 30 Minuten rasten lassen.

● Für die Füllung die Rosinen mit Rum beträufeln und ziehen lassen. Die

Äpfel schälen, vierteln, vom Kerngehäuse befreien und in dünne Scheiben schneiden. Zucker mit Zimt gemischt darüber streuen.

● Auf einem Tisch ein großes Tuch ausbreiten. Mit Mehl bestreuen. Den Teig darauf sehr dünn ausrollen und langsam

von Hand nach außen ziehen. Die dickeren Teigenden wegschneiden.

● Das Backrohr auf 200 - 220 °C vorheizen.

● Das Backblech fetten. Den Teig mit Semmelbröseln bestreuen und zu 2/3 mit Äpfeln auslegen. Darüber die Rosinen geben. Die seitlichen Teigränder einschlagen. Den Strudel mit Hilfe des Tuches aufrollen und auf das Backblech gleiten lassen. Mit Butter bepinseln.

● In ca. 40 - 50 Minuten backen. Ab und zu mit Butter bestreichen. Mit Staubzucker bestreut servieren.

Feiner Topfenstrudel

Teig:

350 g Mehl, 1 Prise Salz

1 Ei

2 - 3 EL flüssige Butter

100 ml warmes Wasser

1 EL Öl

Füllung:

2 Eiklar (Eiweiß)

50 g weiche Butter

2 Eidotter (Eigelb)

100 g Zucker

1 Pa Vanillezucker

500 g Topfen (Quark, 20%)

100 ml süßer Rahm (Sahne)

125 g Rosinen, 200 g Äpfel

Saft 1/2 Zitrone

Butterschmalz z. Einfetten

60 g flüssige Butter

Staubzucker (Puderzucker) zum Bestäuben

● Den Strudelteig, wie im Rezept „Apfelstrudel" (S. 52) beschrieben, zubereiten und mit Öl bestrichen etwa 30 Minuten rasten lassen.

● Inzwischen die Füllung vorbereiten. Hierzu Eiklar steif schlagen und kühl stellen. Butter mit Eidotter, Zucker, sowie Vanillezucker schaumig schlagen. Nach und nach den gut abgetropften Topfen und den Rahm untermischen. Rosinen sowie geschälte, entkernte und kleingewürfelte Äpfel und den Zitronensaft einrühren.

● Eine größere, feuerfeste Form oder das Backblech einfetten und das Backrohr auf 180 - 200°C vorheizen.

● Auf einem Tisch ein großes Backtuch ausbreiten und mit Mehl bestreuen. Den Teig auf dieser Fläche dünn ausrollen und von Hand langsam nach außen ziehen. Die dickeren Teigenden gegebenenfalls wegschneiden.

● Den Eischnee unter die Topfenmasse geben und diese auf dem Strudelteig verteilen. Dabei am Rand Platz lassen. Die Ränder einschlagen, den Strudel mit Hilfe des Tuches aufrollen und in die Form oder auf das Backblech gleiten lassen. Mit etwas Butter bestreichen, dann ca. 50 - 60 Minuten backen. Zwischendurch die restliche Butter darüberpinseln.

● Den fertigen Strudel herausnehmen, etwa 20 Minuten ausdampfen lassen, dann aufschneiden und mit reichlich Staubzucker bestreut servieren.

Tiramisù

6 Eidotter (Eigelb) von sehr frischen Eiern	200 g Löffelbiskuits
100 g feiner Zucker oder Staubzucker (Puderzucker)	ca. 200 ml starker Espresso oder Kaffee
500 g Mascarpone	2 - 3 EL Zucker
2 cl Amaretto (Mandellikör)	2 cl Kaffeelikör (z.B. Tia-Maria)
4 Eiklar (Eiweiß)	4 EL dunkles Kakaopulver

● Für die Mascarpone-Creme die Eidotter mit dem Zucker in eine Rührschüssel geben und so lange schaumig schlagen, bis eine cremige, hellgelbe Masse entsteht. Hierzu am besten die Küchenmaschine oder einen elektrischen Handquirl einsetzen. Anschließend Mascarpone sowie Amaretto dazugeben und gut unterrühren. Die Eiklar steifschlagen und unter die Crememasse heben.

● Eine entsprechend große Schüssel oder Auflaufform mit einer Schicht Löffelbiskuits auslegen. Den Espresso oder Kaffee mit dem Zucker süßen. Kaffeelikör hinzufügen und gut umrühren. Unter Einsatz eines Pinsels die Löffelbiskuits mit der Espresso- bzw. Kaffeemischung tränken, dann mit Mascarpone-Creme bestreichen. Diese erneut mit Biskuits belegen und wiederum mit der Flüssigkeit bestreichen. In dieser Weise die gesamten Zutaten aufbrauchen, dabei als letzte Schicht Mascarpone-Creme auftragen.

● Das so vorbereitete Dessert mindestens 2 - 3 Stunden lang zugedeckt im Kühlschrank durchziehen lassen und erst kurz vor dem Servieren dick mit Kakaopulver übersieben.

Meine Tips:

Anstelle der Löffelbiskuits können Sie auch einen in längliche Streifen geschnittenen Biskuitboden verwenden. Wichtig ist, stets kalten Espresso bzw. Kaffee zu verwenden, damit die Biskuitlage nicht zu schnell durchweicht. Zum Bestreuen eignet sich auch feingeraspelte dunkle Schokolade, die mit Kakaopulver vermischt wird.

Trüffel

<u>Grundrezept für Trüffel:</u>
100 g Vollmilch-Schokolade

100 g Zartbitter-Schokolade

125 g Butter oder Margarine

125 g Staubzucker (Puderzucker)

● Die beiden Schokoladensorten brechen und im Wasserbad vollständig schmelzen.

● Weiches Fett und gesiebten Staubzucker sehr schaumig rühren, dann die geschmolzene und nur noch lauwarme Schokolade kräftig unterrühren. Dazu am besten den Elektroquirl mit Schlägern einsetzen.

Rosinen-Nußtrüffel

Grundrezept für Trüffel

<u>dazu:</u>
50 g gemahlene Haselnüsse

100 g sehr fein gehackte Rosinen

100 g gehobelte Haselnüsse

● Gemahlene Haselnüsse und gehackte Rosinen unter die Grundmasse rühren.

● Kurz rasten lassen, dann kleine Kugeln formen und diese in gehobelten Haselnüssen wälzen.

<u>Menge:</u> ca. 30 Stück (je nach Größe)

Rumtrüffel

Grundrezept für Trüffel

<u>dazu:</u>
3 EL Kakao, 2 EL Rum

50 g gehackte Nüsse

20 g gehackte Pistazien

● Kakao, Rum und gehackte Nüsse unter die Grundmasse rühren, dann in einen Spritzbeutel füllen und in Pralinentütchen aus Papier dekorativ einspritzen.

● Mit gehackten Pistazien garnieren.

<u>Menge:</u> ca. 20 - 25 Stück (je nach Größe)

Weihnachtsstollen

Teig:
1 kg Mehl, 150 g Zucker

80 g Germ (Hefe)

gut 1/4 l lauwarme Milch

250 g zerlassene Butter

2 Eier, 1 TL Salz

abgeriebene Schale einer
unbehandelten Zitrone

75 g gehacktes Zitronat

75 g gehackte Aranzini
(Orangeat)

125 g Mandelstifte

500 g Rosinen über Nacht
in 5 EL Rum eingeweicht

Zum Bestreichen:
50 g zerlassene Butter

Zum Bestreuen:
100 g Staubzucker (Puder-
zucker)

● Das Mehl in eine größe-
re Rührschüssel sieben, in
die Mitte eine Vertiefung
eindrücken und den Germ
hineinbröckeln. Mit 1 EL
Zucker, etwas lauwarmer
Milch und ein wenig Mehl
verrühren. Zugedeckt an
einem warmen Ort ca. 15
Minuten gehen lassen. An-
schließend den restlichen
Zucker, die übriggeblie-
bene Milch sowie übrige
Zutaten zum Vorteig ge-
ben und mit dem Elektro-
quirl mit Knetern zu einem
geschmeidigen Germteig
verarbeiten. Der Teig ist
gut, wenn er „Blasen" wirft
und sich leicht vom Schüsselrand löst. Nochmals ca.
20 - 30 Minuten gehen
lassen.
● Das Backblech einfet-
ten. Den Teig auf bemehl-
tem Backbrett ausrollen,
mit dem Rollholz flach

drücken und eine Hälfte
über die andere schlagen,
so daß die typische Stol-
lenform entsteht. Rasten
lassen.
● Das Backrohr auf 190 -
200° C vorheizen, den
Stollen einsetzen, ca. 20
Minuten bei dieser Tempe-
ratur backen, dann auf
160 - 170° C reduzieren
und fertigbacken. Die
gesamte Backzeit beträgt
ca. 75 - 90 Minuten.
● Den noch heißen Stollen
mit zerlassener Butter
bestreichen, abgekühlt mit
reichlich Staubzucker be-
streuen.
Mein Tip:
Diesen Stollenteig können
Sie auch für Gebildege-
bäcke wie „Weihnachts-
männer" oder „Christkindl"
verwenden. Diese Ge-
bäcke werden mit zerlas-
sener Butter bestrichen.

Topfenstollen

● Topfen, weiche Butter, Zucker, Vanillezucker, Salz, Zitronenschale, Zimt, Ei, Mehl, Speisestärke und Backpulver in eine Rührschüssel geben. Mit dem Elektroquirl zu einem geschmeidigen Teig verkneten. Zuletzt Mandelstifte und mit Rum vermischtes, kleingeschnittenes Trockenobst dazugeben. Nochmals gut durchkneten.

● Auf bemehlter Arbeitsfläche ausrollen und umschlagen, wobei die

typische Stollenform
erreicht wird. Auf ein gut
gefettetes und bemehltes
oder mit Backpapier
ausgelegtes Backblech
geben und im vorgeheiz-
ten Backrohr bei 175 -
200° C in 50 - 60 Minuten
ausbacken.

● Noch heiß mit flüssiger
Butter bestreichen und mit
Staubzucker reichlich
bestäuben.

Nuß-Früchte-Stollen

Teig:

500 g Mehl

40 g Germ (Hefe)

120 g Zucker

ca. 1/8 l lauwarme Milch

1 Ei

100 g Kokosflocken

160 g Butter

Füllung:

50 g geschälte Mandeln

50 g Haselnüsse

100 g getrocknete Zwetschken (Pflaumen)

50 g getrocknete Marillen (Aprikosen)

100 g Marzipan

50 g Kokosflocken

100 ml süßer Rahm (Sahne)

Zum Bestreichen:

100 g flüssige Butter

Zum Bestreuen:

150 g gebräunte Kokosflocken

● Für den Teig das Mehl in eine hohe Rührschüssel sieben, in der Mitte eine Vertiefung eindrücken. Germ zerbröckeln und mit zwei Teelöffeln Zucker und etwas lauwarmer Milch verrühren. Zugedeckt 10 - 15 Minuten an einem warmen Ort gehen lassen.

● Die restliche Milch und den restlichen Zucker dazugeben, Ei, Kokosflocken sowie weiche Butter zufügen und zu einem geschmeidigen Teig verkneten. Der Teig ist gut, wenn er sich leicht vom Schüsselrand löst und „Blasen" wirft. Zugedeckt ca. 30 Minuten gehen lassen.

● Inzwischen die Füllung vorbereiten. Hierzu Mandeln und Haselnüsse grob hacken, Zwetschken und Marillen sehr fein schneiden, hinzufügen und diese Mischung mit dem Marzipan, den Kokosflocken und dem Rahm zu einer geschmeidigen Masse verkneten.

● Den aufgegangenen Germteig auf der bemehlten Arbeitsfläche zu einem Rechteck ausrollen, die Füllung gleichmäßig darauf verteilen und dann die Längsseiten übereinander klappen, so daß die typische Stollenform entsteht.

● Das Backrohr auf 170 - 190° C vorheizen.

● Den Stollen auf ein gefettetes oder mit Back-

papier ausgelegtes Back-
blech geben und in 40 - 50
Minuten backen.

● Noch heiß mit flüssiger
Butter bestreichen und mit
angebräunten Kokosflok-
ken bestreuen.

Variation:
Feiner Pistazienstollen
Bereiten Sie zunächst den
Germteig zu, wie im Rezept
„Nuß-Früchte-Stollen"
beschrieben. Anstelle der
Früchte-Füllung verkneten

Sie 200 g Marzipan mit
100 g gesiebtem Staub-
zucker und 50 g gehack-
ten Pistazien. Die Masse
dann, am besten auf
einem Stück Backpapier,
ausrollen und auf das
Teigrechteck legen. Nun
den Stollen formen und bei
gleicher Einstellung ab-
backen. Noch warm mit
flüssiger Butter bestrei-
chen und mit ca. 50 g
gehackten Pistazien
bestreuen.

Festlicher Mohnstollen

Teig:
500 g Mehl

30 g Germ (Hefe)

60 g Zucker

1/8 l lauwarme Milch

2 Eier

175 g Butter

abgeriebene Schale einer unbehandelten Zitrone

1 Prise Salz

Füllung:
250 g gem. Mohn

1/2 l Milch

50 g Stärkemehl

1 EL Butter

1 Eidotter (Eigelb)

100 g Zucker

Zum Bestreuen:
100 g Staubzucker (Puderzucker)

● Das Mehl in eine höhere Rührschüssel sieben, in die Mitte eine Vertiefung eindrücken und Germ hineinbröckeln. Mit einem Eßlöffel Zucker, etwas lauwarmer Milch und ein wenig Mehl verrühren. Zugedeckt an einem warmen Ort ca. 15 Minuten gehen lassen.

● Inzwischen die Mohnfüllung vorbereiten. Hierzu den Mohn mit 3/8 l Milch aufkochen und ca. 10 Minuten ausquellen. Das Stärkemehl, die restliche Milch, Butter, Eidotter und Zucker verrühren. Diese Mischung zur Mohnmasse geben und einmal kurz unter beständigem Rühren aufkochen lassen. Zum Abkühlen beiseite stellen.

● Den inwischen aufge-

gangenen Germ-Vorteig mit der restlichen Milch, Zucker, sowie Eiern, Butter, abgeriebener Zitronenschale und Salz gut verkneten. Dazu am besten den Elektroquirl mit Knetern einsetzen. Der Germteig ist gut, wenn er „Blasen" wirft und sich leicht vom Schüsselrand ablöst.

● Nochmals zugedeckt an einem warmen Ort ca. 20 Minuten gehen lassen. Anschließend auf bemehlter Arbeitsfläche zu einem Rechteck von ca. 30 x 50 cm ausrollen.

● Die Mohnfüllung gleichmäßig darauf verstreichen. Beide Längsseiten einmal von außen nach innen umschlagen und eine Hälfte über die andere schlagen,

so daß die typische Stollenform entsteht.

● Das Backblech gut einfetten, den Stollen auflegen und zugedeckt nochmals 20 Minuten gehen lassen.

● In dieser Zeit das Backrohr auf 170 - 190° C vorheizen. Den Mohnstollen in 60 - 70 Minuten backen.

● Mit gesiebtem Staubzucker bestreuen.

Tiroler Weihnachtszelten

200 g getrocknete Zwetschken (Pflaumen)	500 g Mandeln
300 g Kletzen (Dörrbirnen)	100 g Pignoli (Pinienkerne)
500 g getrocknete Feigen	125 g Aranzini (Orangeat)
500 g Rosinen	125 g Zitronat
1 1/4 l Wasser	150 g Zucker
300 g Haselnüsse	1 TL gemahlener Zimt

● Die Zwetschken, Kletzen, Feigen und Rosinen kurz kalt abspülen, in eine Schüssel geben und mit Wasser bedeckt über Nacht einweichen lassen.

● Die eingeweichten Früchte abtropfen lassen und in sehr kleine Würfel schneiden. Die Haselnüsse, Mandeln und Pignoli fein hacken. Mit Aranzini, Zitronat, Zucker, Zimt, Gewürzen, Salz, Orangensaft und -schale sowie Rum und Zitronensaft zu den Früchten geben. Alles gut vermischen und am besten über Nacht durchziehen lassen.

● Das Backrohr auf 200 - 220° C vorheizen.

● Die Früchtemasse mit dem Brotteig sehr gut verkneten. Längliche oder runde „Zelten" formen, die ca. 4 -6 cm dick und ungefähr 15 - 20 cm lang sind. Mit den Mandelhälften verzieren und nebeneinander auf das Backblech legen.

● Unter mehrmaligem Bestreichen mit Zuckerwasser in ca. 60 - 75 Minuten schön gebräunt abbacken.

● Anschließend sofort vom Blech lösen, mit kandierten Früchten verzieren und gut auskühlen lassen.

Mein Tip:
Die „Zelten" sind ein typisches Weihnachtsgebäck, das spätestens 2 - 3 Wochen vor dem Fest abgebacken werden sollte.

Weinbeerl-Guglhupf

250 g weiche Butter	etwa 1/8 l Milch
200 g Zucker	80 g Rosinen
1 Pa Vanillezucker	50 g gem. Mandeln
1 Prise Salz	abgeriebene Schale 1
4 Eier	unbehandelten Zitrone
300 g Mehl	etwas Zimt
100 g Stärkemehl	Butter und Semmelbrösel
1 Pa Backpulver	für die Form
4 EL Rum	Staubzucker (Puderzucker)
	zum Bestreuen

● Nacheinander weiche Butter, Zucker, Vanillezucker, Salz und Eier sehr schaumig rühren. Hierzu am besten den Elektroquirl einsetzen. Mehl und Stärkemehl sowie Backpulver mischen, darübersieben und gleichmäßig unterrühren. Zuletzt Rum, Milch, gewaschene und gut abgetropfte Weinbeeren, Mandeln, Zitronenschale und Zimt unter den Teig mischen.

● Eine Guglhupfform einfetten und mit Semmelbröseln ausstreuen.

● Das Backrohr auf 170 - 190 °C vorheizen.

● Den Teig in die vorbereitete Form füllen, etwas glattstreichen und dann in 60 - 70 Minuten abbacken.

● In der Form kurz abdämpfen lassen, den Guglhupf am Rand von der Form lösen, auf ein Kuchengitter stürzen und erkalten lassen. Mit reichlich Staubzucker bestreut servieren.

Weihnachtliche Früchtetorte

<u>Teig:</u>
300 g Mehl

2 Eier

125 g brauner Zucker

1 Pa Vanillezucker

1/8 Keimöl

<u>Füllung:</u>
300 g entkernte Datteln

100 g Walnußkerne

150 g Kletzen (Dörrbirnen)

1/2 TL Kardamom

1 Prise gem. Nelken

5 EL Birnengeist

1 Eiweiß, steif geschlagen

<u>Garnitur:</u>
12 Datteln

● Mehl, Eier, Zucker, Vanillezucker und Keimöl zu einem glatten Teig verkneten. Ca 30 Minuten kühl rasten lassen. Anschließend auf bemehltem Backbrett dünn ausrollen.

● Den Boden einer Springform (Durchmesser 26 cm) darauflegen und den Teig ringsum wie einen Deckel ausschneiden. Mit dem restlichen Teig – davon etwas zum Verzieren zurückbehalten – den gefetteten Boden der Form auslegen, dabei 2 - 3 cm am Formenrand hochziehen. Den Boden mehrmals mit einer Gabel einstechen. Das Backrohr auf 170 - 190° C vorheizen.

● Für die Füllung Datteln und Birnen kleinschneiden, Walnüsse grob hacken und mit den restlichen Zutaten gut mischen. Gleichmäßig auf dem Teigboden verteilen, die beiseite gelegte Teigdecke vorsichtig auflegen und die Ränder gut zusammendrücken. Aus den Teigresten Sternchen ausstechen und die Torte damit verzieren.

● In das heiße Backrohr geben und in 45 - 55 Minuten goldbraun backen. Noch warm mit den entkernten Datteln garnieren.

<u>Menge</u>: ca. 12 Stück

Walnuß-Apfeltorte

Teig:

100 g weiche Butter

100 g Zucker

1 Pa Vanillezucker, 2 Eier

150 g Mehl, 1 TL Zimt

2 - 3 EL Rum

400 g Äpfel

Eimasse:

4 Eiklar (Eiweiß)

1 Prise Salz

1 TL Zitronensaft

200 g Staubzucker (Puderzucker)

200 g gem. Walnüsse

2 TL Zimt

2 EL Amaretto (Mandellikör)

Garnitur:

3 Blatt weiße Gelatine

400 ml süßer Rahm (Sahne)

Zimtpulver, Zuckerperlen

Semmelbrösel, Butter für die Form

1 Stück Alufolie zum Abdecken

● Für den Rührteig die weiche Butter mit dem Zucker, Vanillezucker und Eiern in eine hohe Rührschüssel geben und sehr schaumig rühren. Mehl mit Backpulver und Zimt mischen und mit dem Rum unter die Buttermasse rühren.
● Den Teig in eine gefettete und mit Semmelbröseln ausgestreute Springform füllen. (Durchmesser 24 cm)
● Die Äpfel schälen, vierteln, entkernen, in Spalten schneiden und auf den Teig legen.
● Für die Eimasse die Eiklar mit Salz und Zitronensaft sehr steif schlagen. Den Staubzucker unter weiterem Schlagen einrieseln lassen, bis die Masse glänzend und fest ist.

Gemahlene Walnüsse, Zimt und Likör vorsichtig unterheben.

● Die Masse auf die Äpfel in die Form geben und mit einem Stück Alufolie abdecken. Bei 170 - 190° C ca. 35 - 40 Minuten bakken, dann die Folie entfernen und den Kuchen weitere 15 - 20 Minuten im Backofen belassen, bis die Oberseite knusprig und hellbraun ist.

● Den Kuchen aus der Form nehmen und abkühlen lassen. Zum Verzieren die Gelatine ca. 10 Minuten in kaltem Wasser einweichen und auflösen. Den Rahm steif schlagen, die abgekühlte, flüssige Gelatine unter ständigem Rühren dazugießen, kurz durchkühlen lassen.

● Die Torte mit dem Rahm bestreichen, obenauf etwas mehr auftragen und wellenförmig verzieren. Nun die Torte durchkühlen lassen. Vor dem Servieren mit Zimt bestäuben und mit den Perlen festlich verzieren.

Menge: ca. 16 Stück

Festliche Marzipantorte

Teig:
4 Eiklar (Eiweiß)

4 EL kaltes Wasser

100 g Zucker

abgeriebene Schale einer unbehandelten Orange

4 Eidotter (Eigelb)

80 g Stärkemehl

1 gestr. TL Backpulver

100 g gem. Mandeln

75 g weiche Butter oder Margarine

Füllung 1:
1 Glas Orangenmarmelade (450 g)

6 EL Mandellikör

Füllung 2:
100 g zartbittere Schokolade

200 ml süßer Rahm (Sahne)

Überzug:
300 g Marzipan-Rohmasse

200 g Staubzucker (Puderzucker)

3 TL Mandellikör

Orangenmarmelade zum Bestreichen

Kakaopulver, Aranzini (Orangeat) zum Verzieren

● Das Backrohr auf 170 - 190° C vorheizen. Eiklar mit Wasser in eine Rührschüssel geben und mit dem elektrischen Handrührgerät sehr steif schlagen. Zucker und Orangenschale unter weiterem Schlagen einrieseln lassen. Die Eidotter verschlagen und leicht unterziehen. Zuletzt das Gemisch aus Stärkemehl, Mehl und Backpulver locker unterheben. Die gemahlenen Mandeln und das weiche Fett daruntermischen.

● Die Teigmasse in eine nur am Boden gefettete Form (Durchmesser 26 cm) füllen. In den heißen Backofen geben und in 45 - 55 Minuten backen. Anschließend zum Erkalten auf einen Rost geben.

● Den Biskuitboden vorsichtig in drei Platten teilen. Die Orangenmarmelade mit dem Mandellikör verrühren und die untere Platte damit gleichmäßig bestreichen. Die mittlere Teigplatte daraufgeben. Die Schokolade grob raspeln, mit dem steifgeschlagenen Rahm vermischen und daraufstreichen. Die dritte Platte vorsichtig aufsetzen.

● Für die Garnitur die Marzipan-Rohmasse mit Staubzucker und Mandellikör verkneten. Etwa 3 mm dick auf Staubzucker ausrollen. Einen Streifen in Tortenhöhe für den Rand und eine Decke in Springformgröße ausschneiden. Beide mit Orangenmarmelade oder mit Eiklar bestreichen. Die Torte damit umhüllen, gut andrücken.

● Aus der restlichen Marzipanmasse 12 Kügelchen formen und aufsetzen. Die Torte mit Staubzucker bestreuen und mit Kakao sowie Aranzini verzieren.

<u>Menge</u>: ca. 12 Stücke

Mein Tip:
Zum leichten Aufbringen der Kakaogarnitur, in Kerzenform, basteln Sie sich am besten eine kleine Pappschablone. Diese sollte ca. 3,5 x 1 cm groß sein. Die „Kerzenflammen" schneiden Sie am besten aus Aranzini aus.

Buchteln

warmen Ort zugedeckt gehen lassen.

Teig:
500 g Mehl

30 g Germ (Hefe)

50 g Zucker

250 g lauwarme Milch

40 g geschmolzene Butter

2 Eier, 1 Prise Salz

abgeriebene Schale einer
unbehandelten Zitrone

Füllung:
300 g Marillen(Aprikosen)-
Marmelade

Zum Eintauchen:
100 g geschm. Butter

● Das Mehl in eine Schüssel sieben und in der Mitte eine Mulde hineindrücken. Den Germ in etwas lauwarmer Milch und einem TL Zucker auflösen und in die Mulde geben. Mit etwas Mehl vermischen und etwa 15 Minuten an einem warmen Ort zugedeckt gehen lassen.

● Die geschmolzene Butter, Zucker, Eier, Zitronenschale und Salz hinzufügen und mit dem restlichen Mehl verrühren. Die Zutaten zu einem glatten Teig verarbeiten und 30 Minuten an einem warmen Ort zugedeckt gehen lassen.

● Den Teig in 50 g große Stücke teilen und Kugeln formen; mit dem Nudelholz ausrollen, in die Mitte einen TL Marmelade füllen und in Form einer Tasche schließen.

● Die Teigtaschen in die geschmolzene Butter eintauchen und nebeneinander in eine Auflaufform setzen. Nochmals 20 Minuten gehen lassen.

● Im vorgeheizten Backrohr bei 190° C in ca. 30 Minuten backen.

Krapfen

500 g Mehl

50 g weiche Butter

150 g lauwarme Milch

40 g Germ (Hefe)

50 g Zucker

2 Eier, 1 Eidotter (Eigelb)

1 Prise Salz

Füllung:
350 g Marillen(Aprikosen)-Marmelade oder Zwetsch-kenmus

Zum Bestreuen:
Staubzucker (Puderzucker)

● Den Germ in etwas lauwarmer Milch auflösen. Mit etwas Mehl verrühren und an einem warmen Ort ca. 20 Minuten gehen lassen.

● Mit dem restlichen Mehl, den Eiern, der Butter, dem Zucker, der restlichen Milch und dem Salz ver-kneten. Nochmals ca. 1 Stunde gehen lassen.

● Den Teig in 50 g große Stücke teilen, Kugeln formen und sie mit flacher Hand auf die Arbeitsfläche pressen. Zudecken und nochmals ca. 60 Minuten gehen lassen.

● Die Kugeln in genügend heißem Öl eintauchen und bei 175° C ausbacken. Wenn sie goldbraun sind, wenden und auf der anderen Seite ausbacken.

● Die Krapfen auf Küchenpapier abtropfen lassen und noch warm mit Hilfe einer Spritztüte mit Marillenmarmelade oder Zwetschkenmus füllen. Mit Staubzucker bestreuen.

● Die Krapfen kann man auch mit Vanillecreme füllen.

Kösten(Kastanien)-Torte

Teig:

200 g Kösten (Kastanien)

150 g Zucker

6 Eidotter (Eigelb)

6 Eiklar (Eiweiß)

50 g geriebene Mandeln

50 g Semmelmehl

Füllung:

1/4 l Schlagobers

40 g Zucker

100 g pürierte Kösten

8 - 10 halbierte Kösten

2 EL Preiselbeermarmelade

Schokoladenglasur

Schlagobers zum Verzieren

● Die Kösten waschen, auf der runden Seite einschneiden und 10 - 15 Minuten im Backrohr bei 200° C rösten oder in einem Topf zugedeckt kochen, bis sie sich öffnen. Die Kösten schälen, in kochendes Wasser geben und ca. 20 - 30 Minuten kochen. Abtropfen lassen und warm durchpressen.

● Die Eidotter mit Zucker schaumig schlagen. Vorsichtig die passierten Kösten, Mandeln, Semmelmehl und die zu steifem Schnee geschlagenen Eiklar unterheben. Den Teig in eine Springform von 27 cm Durchmesser füllen. Im vorgeheizten Backrohr bei 180° C 30 - 40 Minuten backen.

● Auf einem Kuchengitter auskühlen lassen und die Torte einmal quer durchschneiden und die Füllung vorbereiten. Den Schlagobers mit Zucker sehr steif schlagen und vorsichtig die passierten Kösten unterheben. Die Torte füllen, schließen und den oberen Tortenboden dünn mit Marmelade bestreichen.

● Gleichmäßig mit geschmolzener Schokolade bedecken, mit Schlagobers und den halben Kösten verzieren.

Aufbewahren von Gebäck

Lassen Sie jede einzelne Gebäcksorte zunächst gut auskühlen, um sie dann erst zu verpacken. Stark gewürzte Gebäcke möglichst nach Sorten getrennt aufbewahren. Um ein Zusammenkleben zu vermeiden, zwischen jede Lage Pergamentpapier legen. Gebäcke, die noch weicher werden sollen, wie zum Beispiel Lebkuchen, erst einige Tage stehen lassen, dann in Blechdosen oder Keramikschüsseln aufbewahren. Knusprige Plätzchen oder Makronen in gut verschließbaren Dosen an einem kühlen, trockenen Ort lagern. Nußgebäck bleibt so sogar einige Wochen lang frisch. Butter-, Eier- oder Mürbteiggebäck legen Sie am besten in Porzellan- oder Glasgefäße und decken diese gut ab. Dafür eignen sich auch Suppenschüsseln. Stollen, Kletzenbrot (Früchtebrot) und Honigkuchen, im Ganzen gebacken, werden am besten in Alufolie eingewickelt.

Viele Gebäckarten können auch tiefgekühlt aufbe-

wahrt werden. Der besondere Vorteil ist, daß manches Gebäck bereits viele Wochen vor Gebrauch gebacken werden kann. Ausnahme: Busserl, (Makronen) und Lebkuchen, die sich nicht zum Einfrieren eignen, da sie zäh werden. Kletzenbrot (Früchtebrot) und Rührteiggebäcke am besten in Alufolie verpackt einfrieren. Gleiches gilt für Stollen, den Sie jedoch nicht mit Staubzucker bestäuben sollten. Feines Mürbteig- oder Buttergebäck wird leicht abgekühlt in Kunststoffdosen gelegt. Zwischen jede Lage Pergamentpapier geben und die Dosen fest verschließen.

Zu den Rezepten:

Die Temperaturangaben sind Richtwerte, die je nach Herdtyp abweichen können. Möchten Sie das jeweilige Rezept mit Heißluft zubereiten, so stellen Sie ca. 20° C niedriger ein. Die Backzeiten bleiben in der Regel gleich. Bitte vergleichen Sie die Temperaturangaben vorab mit denjenigen in der Gebrauchsanweisung Ihres Herdes und stellen Sie ggf. etwas höher oder niedriger ein.

Zum Gebrauch des Buches:

Es werden mehrfach Abkürzungen benutzt, die ich Ihnen nachstehend noch kurz erklären möchte:

EL	Eßlöffel
TL	Teelöffel
Msp	Messerspitze
g	Gramm
kg	Kilogramm
l	Liter
cl	Zentiliter
geh.	gehäuft
gem.	gemahlen
ger.	gerieben
gestr.	gestrichen
Pa	Päckchen

Bildnachweis

Robert Bosch Hausgeräte GmbH, München: 9, 11, 33, 63, 65

Fotostudio Sattelberger, Füssen: 21, 25, 42, 43, 67

Union Deutsche Lebensmittelwerke GmbH, Hamburg: 6, 12/13, 19, 36

Knorr/Maizena, Heilbronn: 23, 60/61, 71, 75, 79

Fotostudio Teubner, Füssen: 1, 15, 18, 27, 29, 49, 57, 69

Ketchum Public Relations, München: 47, 72/73

Oberösterr. Licht- und Kraftwerke AG, Linz: 17, 78

Gusto, Wien: 38, 44, 51, 77

Wein aus Südtirol, Fa. Tübke & Partner, München: Titelmotiv, 54

Niederl. Büro f. Milcherzeugnisse, Aachen: 4, 52/53

Pfeifer & Langen, Kölner Zucker, Köln: 14

CMA, Butterschmalz: 30

Fa. Oetker, Bielefeld: 31

Aurora/Komplettbüro, München: 35

Adam/Ketchum PR, München: 37

Sigloch Edition, Künzelsau: 40/41

Autorin und Verlag danken diesen Unternehmen für die Bereitstellung des Bildmaterials.

Lektorat: Ursula Calis, München
Design & Produktion: Verlagsbüro Fritz Petermüller, Siegsdorf
Satz: Agentur für Satz & Typographie, Grassau
Lithos: ColorLine, Verona

© KOMPASS-Karten GmbH
Rum/Innsbruck
4. Auflage 1999
Verlagsnummer: 1754
ISBN 3-85491-485-7

Die neue Serie mit tollen Rezepten!

KOMPASS Küchenschätze

Erhältlich im Buchhandel und am Kiosk!